教師のバイブル

―教師のための50のヒント―

佐藤 芳徳 著

群馬県東吾妻町の岩櫃山。真田氏ゆかりの岩櫃城があった。

はじめに

大学の教育学部で教え始めて十年ほどたったころ、自分は何を教えているのだろうと深く考えるようになりました。専門が地理学なので地理の内容を扱っているのですが、なにかしっくりいかない気がしました。そんなことを考え続けているうちに、いろいろなことに気づきました。本書は、それらのことをできるだけ簡潔にわかりやすい言葉でまとめたものです。

いま、社会は多様化の時代を迎え、それにともなって教育の現場にも様々な課題が生まれています。教員希望の人が少しずつ減っているという報告もあります。しかし、教師という職業はとてもやりがいがあり、魅力的です。教師になりたいけれどなんとなく自信が持てない、と言う人が多くなっているとも聞きます。

社会が多様化し、人々の考え方や価値観も多様化すると、ともすれば自信を失いがちになります。教師も同じです。自信を持って強い意志のもとに教育に携わっている人には、本書はあまり必要ないかもしれません。日々苦労しながら教育に携わり、失敗ばかりしながら、それでも子どもたちと教室にいることが楽しく、教えることになにか大切なものを感じている人に、ぜひ読んでいただきたいと思います。

目次

Ⅱ　学校……31

I
教師

1　教師とは

教師と教員の違いとは何か。現在、学校の先生は、正式には教員と呼ばれます。では、教師と教員の違いは何でしょうか。師には、尊敬の意味が込められています。教師とは、子どもたちから尊敬される人間です。でも恐れることはありません。そのような人間を目指して努力してさえいれば良いのです。「教育基本法第1条、教育の目的」には、「人格の完成を目指す」とあります。人格が完成してしまったら、目指せません。

教師は、権威と権力を持っています。権威とは、相手が自分から従うことです。子どもが教師を尊敬していれば、自然と従ってくれます。権力とは、いやいやながらでも従わざるを得ないことです。

つまり、教えるということは、権威と権力の両方を持つことです。未完成な自分が権威と権力を持つことに不安を感じる人がいるかもしれません。でも、未完成な人格で十分です。完成を目指してさえいれば良いのです。

完成を目指す

2　教育の成果はすぐに現れない

　一生懸命努力しても、その成果がすぐに現れるとは限りません。それは、大人も子どもも同じです。しかも、それは誰でもわかっていることです。でも、心の中では、成果がすぐに現れることを期待しています。

　教育の成果も、すぐには現れないことの方が多いでしょう。しかし、あせることはありません。逆に、いつかは現れる、と無責任になるのはいけません。子どもの人生はこれから長く続くのであって、いま子どもを教えているという教師としての責任は自覚してください。すぐに現れないからおもしろい、くらいのゆとりがあることが望ましいと思います。

イチョウ（公孫樹）は、実がなるまでに何年もかかる

3　こどもが自分から学ぶように

馬を水辺に連れて行っても、馬が水を飲みたくなければ飲ませられない、ということわざもあるように、子どもがいやいやながら学習していれば、その効果はあまり期待できません。逆に、自ら学ぼうとすればその効果は絶大です。要は、どのようにして子どもが自分から学ぼうとする気持ちを引き出すかです。意外と簡単かもしれません。多くの子どもたちは、ゲームなら自分の技術を上げようと努力します。そのあたりにヒントがあるでしょう。

だからといって、子どもも受けするような教材ばかり選んでいると、飽きるし、授業で何を教えたいのか、あいまいになってしまいます。大切なのはバランスです。おいしいものや好きなものだけではなく、まずいものや嫌いなものも食べないと食事のバランスが取れないことと似ています。

何でも「バランス」が大切

4　差別をしない

差別は、悪いことです。では、差別と区別はどう違うのでしょう。例えば、子どもたちを分けるとき、子どもが納得できる基準で分けるのが区別、納得できない基準で分けるのが差別です。

人によって受け取り方が千差万別なのが難しいところです。

子どもたちは、理解力、問題解決力、運動能力など様々な能力に個人差があります。差があることを一律に包み隠そうとすると、教師の考えや方針が破綻します。個人の能力には、ある時点では差があるということを子どもも教師も認識しなければなりません。大切なのは、そのことは子どもの人格や価値に何ら関係がないということです。心からそう思えるようになることは、教育実践を通して、教師が学ぶべき最も重要なことの一つです。

差別は悪

5　教えるという立場

子どもといくら親しくなったとしても、子どもは教師を友だちとは見ないものです。しかし、友だちのような関係を築くことは、あながち悪いことではありません。そのときも教師は、教えるという立場にあることを忘れないようにしてください。また、子どもから教わることはたくさんあり、そのことについては謙虚に認め、子どもから学ぶという姿勢が大切です。

子どもから学ぼうという気持ちがあれば、子どもの意見なども素直に受け入れられます。子どもの意見を素直に受け入れることができれば、子どもから友だちのように接してくるでしょう。それは子どもから学ぼうとしている教師への敬意の表れと言えます。教師になるための条件があるとしたら、たった一つ、子どもが好きであることでしょう。

子どもから学ぶ

6　子どもの立場

子どもを客観的に見ることは、とても大切です。でも客観的に見るにはどうすればいいか、戸惑うことも多いでしょう。子どもの立場になって考えるには、どうすればいいか。取りあえず、教室の子ども側の席に実際に座ってみることです。何も考えなくて、ボーっと座っていると子どもの顔が浮かんでくるでしょう。子どもの立場に自分を置くと、どの子どもも自尊感情を持っていることがわかります。

子ども一人ひとりの自尊感情に気づき、それを尊重することは、とても大切です。子どもの立場になってみると、意外とこれまで気づかなかった教室内のことがわかります。子どもは、自分の立場がわかっていることが多いものです。

自分が嫌いな子どもはいない

7 何を教えているか

何を教えているかについて、長いこともやもやしていました。あるとき、ふと自分の知識や技術、経験を題材にして、自分の生き方や考え方を教えている、と気づいたとき、それまでのもやもやが晴れました。「一器の水を一器にうつす」という禅語があります。一つの器の水をそのまま別の器にうつす、ということです。難しい言葉ですが、教師の人格がそのまま子どもにうつされるというのは、それなりにわかります。

子どもは、言葉づかいや考え方など、いろいろなところで教師に似てきます。自分はまねされるほどの人格者ではない、とうろたえることはありません。一生懸命努力し、一日一日を大切にしていれば、それで十分です。

子どもは自分を映す鏡

8　人にやさしく

人にやさしくすることは、社会の基本です。共同生活を営むためには、人にやさしくしなければならないでしょう。そのためには、自分にゆとりが必要です。ゆとりを持つためには、笑顔であるように努めることです。教師が笑顔であれば、教室全体が明るくなります。無理しても笑いましょう。また、言葉もやさしい言葉がいいでしょう。

「和顔愛語（わげんあいご、わがんあいご）」という言葉があります。穏やかな顔とやさしい言葉づかいということです。やさしい笑顔にはやさしい笑顔が、やさしい言葉にはやさしい言葉が返ってきます。笑顔であいさつすれば、笑顔であいさつが返ってきます。もし知らんふりされても、めげないで続けましょう。

和顔愛語

9　子どもへの期待

子どもは、三つの期待を背負っています。家族からの期待、社会からの期待、そして自らの期待です。うまく家族などの期待に応えられないこともあるでしょう。でも、子どもは、いつか家族や社会の期待に応え、自らの期待に応えようとしていることでしょう。教師は、その手助けができれば良いのではないでしょうか。

子どもにとっては、期待に応えられないことばかりで、満足な結果を出せないということの方が、はるかに多いものです。私も全く同じでした。大人になってからも同じでした。大人としては、子どもに期待をする一方で、子どもの個人としての生き方を尊重しなければなりません。

また期待に応えられなかった

10　教師になると決めたこと

教師を志す人は、教師になりたいと思ったときや、心を決めたときがあるでしょう。それは、突然決めたことかもしれません。でも、だんだん心が固まっていったかもしれません。でも、決めたことに変わりはありません。それは正しい選択だったと思います。教師になって、自分の未熟さなどに気づき、辞めたいと思うときがあるかもしれません。教師になったことが間違いだったと思うときがあるかもしれません。でも、心配いりません。なんとか少しずつでも前に進むことで、新しい世界が開けます。良い教師になるという夢を、実現してください。疲れたら休んでいいと思います。大きなため息をついて、何とかなると思ってください。時間がたてば、日にちがたてば、なんとかなります。教師になると決めたことは、決して間違っていません。

なんとかなる

Ⅱ 学校

11　基礎と基本

基礎と基本の違いは何でしょう。基礎は、応用できる幅広い知識や教養、経験などです。基本は、あることについて、中心となる大切な知識や技術などです。基礎を土台としてその上に基本があると考えるとわかりやすいかもしれません。スポーツで言うと、基礎トレーニングは、筋力、柔軟性、耐久力などの増強でしょう。基本は、野球で言えば投げ方や打ち方、サッカーで言えば蹴り方などでしょう。教育も同じです。話す、書く、読み取るなどは、基礎的能力です。

基礎も基本もあまり意識しないで教えることが多いのですが、基礎と基本の違いを意識しながら教えることが必要な場合もあります。

基礎と基本の違い

12　プロフェッショナルとは

素人でもものすごく歌のうまい人がいます。元歌を歌っている歌手よりうまいくらいです。でもプロフェッショナルとアマチュアの違いは何でしょうか。プロの歌手とは、体調が悪いときも歌う場所があまりよくないときも、いつでも同じように歌えることだそうです。多少いつもより下手だったりするかもしれませんが、それなりに場を整えられること、どんな状況でも同じ結果を出せることです。そのためには、練習を怠らず、実践を積むことだそうです。

教師も同じことが言えるのではないでしょうか。でも、無理しなくて大丈夫です。少しずつで十分です。あるがままの自分で良いと思います。プロの教師を目指す気持ちが大切です。「いつか最高の授業ができる日」を目指して。

プロフェッショナルを目指す

13　楽しい学校

子どもが進んで学校に来るためには、学校に魅力があることです。かつては、給食でおなかいっぱい食べられることが魅力の時代もありました。学ぶことができる、友だちがいる、運動ができる、何でもいいから楽しいことがある。学ぶこと、知識や技能を身につけることは自信につながり、楽しいことです。楽しいことや興味を引くものが、学校にあることが大切です。

子どもは、一人ひとりみんな違います。すべての子どもに、違った楽しみや興味があります。もし、学校に魅力がないとしたら、作ればいいのです。それには、子ども一人ひとりが何に興味があるのか、何が好きかを把握することが大切です。すべての子どもが何か楽しみを求めて学校へ来るということが一番です。

楽しいことの創出

14　子どもをほめる

かつてプロレスラーのジャイアント馬場は、練習場でプロレスラーを志す若者を必ずほめたそうです。言葉づかいや態度がいま一つと思うような若者も、よく見れば良いところが必ず一つはある、それをほめると言っていたそうです。

どんな子どもも、2日に1回は必ずほめる。そのとき注意するのは、子どもがほめられた理由に納得しているかどうかです。やみくもにほめても、それは単なるお世辞と見破られてしまいます。ほめること、教えること、しかることの割合は、小学校で四：

四：二、中学校で六：三：一くらいでしょうか。

大人も「正しく評価されて」ほめられたらうれしい

15 まねをする

「学ぶ」の語源は、「まねぶ」、つまりまねをする、だそうです。教師としての技術を磨く最も早い道は、ベテラン教師のまねをすることです。全く後ろめたいことはありません。オマージュとは、敬意をもって似たような作品を作ることです。教える内容だけでなく、話の間《ま》の取り方、板書の仕方・タイミング、指名の仕方など参考になることはたくさんあります。参観の機会があれば、気づいたことをメモしておくことが不可欠です。そのとき絶対忘れないと思っても、すぐ忘れてしまいます。

子どもも教師のまねをします。悪いところも似てきます。でも心配いりません。悪いところより良いところの方を、より多くまねています。

ベテラン教師のまねをする

16　板書

いろいろなＩＴ機器が教育現場に導入されていますが、基本は板書でしょう。板書に自信がない場合は、ゆっくり書くことです。漢字は同じ大きさで、ひらがなやカタカナは漢字より少し小さくという基本で書けば、きれいに見えます。また、言葉は小さい声でもかまいません。はっきり言うことです。どうしても早口になってしまうときは、意識してゆっくり話すことを心がければ良いでしょう。

話すときは、適当に一呼吸入れましょう。途切れることなく話すと、話す方も聞く方も疲れます。話の間《ま》が大切です。また、手っ取り早く発声練習がしたくなったら、布団の上にあおむけに寝て、アイウエオなどと言えば良いでしょう。

板書は丁寧に、小さい声でもはっきりと

17　1回に扱うこと

どんなにおいしいごちそうでも、おなかがいっぱいになったらもう食べられません。1回の授業で扱う内容も欲張らないことです。どうしてもたくさんの内容を扱わなければいけないときは、構成をしっかり考えることが必要です。そして重要なポイントをしっかり見定めて一つに絞り、できるだけ授業の最後の方にもってきます。

授業では、いろいろなパターンを試すのもいいですが、そのときでも、何を教えたいかというポイントは押さえておいて、最後にまとめるというのが望ましいでしょう。

授業のポイントは一つに

18 専門を持つ

専門つまり得意分野を持つことは、自信を持つことと同じです。どんなことでもいいから、自分が得意な分野を持つことが大切です。少しほかの人より得意かな、くらいで十分です。授業参観や研究授業で、何も題材がなくて困ることもあるでしょう。そんなときいつも逃げられる場所があると安心です。それが得意分野です。

いつもあのことばかり、あの題材ばかりと言われても気にしないことです。聞いている人は替わっています。話す内容も新しいことが少しずつ加わり、全く同じではないはずです。狭くても良い、狭いほど良いから自分の専門を持つことは大切です。

どんな小さなことでも得意なものは自信につながる

19 道徳

道徳は、社会生活、つまり共同生活を営むうえで必要不可欠です。でもそんなに深く考えなくても良いのかもしれません。三つのこと、すなわち感謝、あいさつ、謙虚、が身についていれば、まずは十分です。言葉で言えば、ありがとう、おはよう（こんにちは、さようなら）、すみません、です。これらの言葉を教師が躊躇《ちゅうちょ》なく言えるようにしたいものです。これに誠実や正直が加われば、なお良いでしょう。

道徳は、単純です。しかし、それを実践することは単純ではありません。どんなときでもどんな場面でもできるようになるために、日頃から心がければ自然と身につくでしょう。

まず、あいさつから

20 説得

子どもの説得と大人の説得は、似ているところもありますが、違うところもあります。子どもの説得で最も大切なのは信頼です。信じられない大人の話に耳を傾けて、言うことを聞いても、それは権力によるものです。大人も権力による説得には従いますが、それは本来の説得ではありません。大人も子どもも、話に納得すれば自ら説得に応じます。

説得の場合、重要なのは数値です。数値を用いた説得は、特に大人の場合、効果的です。ただ、数値化できない部分も多いのです。なんでもかんでも数値化できると考えるのは間違いです。
大切なのは信頼と誠実です。

説得するには信頼と誠実

21　むだ

教師という職業の最も良い点の一つは、重ねてきた失敗や挫折がすべて教材になるということです。むだは一つもありません。つまらない失敗や恥ずかしい経験も、子どもにとっては、何か感じることがあり、思わぬヒントをつかみ取ってくれるかもしれません。

子どもたちは、教材などを通して自分の知識や経験を増やし、考え方や社会で生きていくための智恵などを学びます。失敗も教材として有効です。むしろ、その方が子どもにとって身近で学びやすい教材かもしれません。気をつけたいのは、自慢げに話さないことです。卑下も自慢のうち、という言葉もあります。

むだなことは一つもない

22 雑用

雑用ばかりで忙しくて困る、と思うときは、あとのことはあまり考えずにまず目の前にあることから、一つ一つ片づけることです。優先順位をつければ、なお良いでしょう。どうしようとかあまり深く考えずに、一つ一つ片づけていくことです。雑用と思うと、なおさら仕事が進みません。また、雑用と思ってやると雑になる、という言葉のとおり、仕事の完成度もいまひとつで、かえって時間がかかります。

雑用という用事はありません。一つ一つ丁寧に片づけることが大切です。雑用と思うことでも、何かに役立つと信じ切れば、気持ちが楽になります。

雑用という用事はない

23　失敗

失敗は早く忘れることです。忘れようとしても、忘れられないこともあるでしょう。同じ過ちを繰り返さないようにと、記録することも悪いことではありません。でも、記録するとよい記憶が鮮明になってしまいます。同じ過ちを繰り返してもかまわないと思います。失敗は成功の母ですが、早く忘れることも大切です。覚えていることと忘れることのバランスが大切ですが、早く忘れた方がよいでしょう。

気分を変えて、次のことに早く取りかかるには、どうするか。

自己流の気分転換の方法があると良いでしょう。いくつも用意してもいいかもしれません。いくつもある方が、気が楽です。

自己流の気分転換

24　ダジャレから始める

教室内が和やかな雰囲気であることが大切と言われますが、では何から始めたらいいのか悩むことがあると思います。取りあえず、ダジャレから始めてみたらいかがですか。ふざけているというのではありません。教室には、まじめな自分と少しふざけた自分がいる、と考えるのが良いかもしれません。誰かが、教室には教師ｔｗｏと言っていました。

中学校時代、ある先生は授業の初めに毎回ダジャレを言って、黒板の方を向いて、一人でクスクス笑っていました。自分から笑いましょう。教わったことより、ダジャレの方が記憶に残っていたりします。

笑いが一番

25　生きる力

生きる力とは、考える力です。教育の基本は、生きる力の育成と言われています。生きる力、すなわち考える力は、誰もが必ず持っています。それでは、なぜ生きる力を育むことが大切と言われるのでしょうか。それは、いろいろな場面に応じた、知識、経験、判断力が必要とされるからです。幸運な人は、あまり悩むことなくこれまで過ごしてこられたかもしれません。しかし、大きな困難に遭遇することは、必ずあります。そのときに、生きる力が試されます。

自分がどのくらいの力を持っているか、自分にもわかりません。生きる力は、「潜在力」だからです。自分がどのくらいの力を持っているかわからないからこそ、日頃からいろいろな場面で深く考え、生きる力、つまり考える力を育むことが必要になってきます。それは、大人も子どもも同じです。

生きる力は考える力

Ⅲ　生活

26　身なり

外見で人を判断してはいけないと言われます。でも、初めて会う人は、どうしても外見や第一印象が判断の重要な材料となります。第一印象は、相手から見た自分についても同じです。人と初めて会うときでなくても、ふだんから身なりを整えたり、清潔を心がけることは大切です。

高価でなくてもいいからセンスの良い服を身につけたり、体を清潔に保つようにしたいものです。たまには、気分転換も兼ねてファッション系の情報に触れ、流行している服装などに気を配ることも必要かもしれません。また、服装や身なりについて注意してくれる人がいたら、素直に耳を傾けましょう。

見た目は清潔に

27 風呂

仕事に行き詰まったり、忙しくてどうしようもなくなったら、風呂に入るのが良いでしょう。無理やり時間を作って、ゆっくりぬるい湯に入る。入浴剤があればなお良いでしょう。意外と小さなことに悩み、時間ばかり過ぎ、追い立てられていたことに気づきます。順序立てて、できることから一つずつ片づけていけば、短期間に解決することが多いものです。長い道を歩くとき、遠くを見ないで少し先を見て歩くと、意外と早く目的地に着くことに似ています。

風呂には、いやなことが溶け出す

湯につかって深く息を吐けば、心が落ち着くことでしょう。風呂には、いやなことが溶け出します。体を温めることは、健康にも良いと言われます。

28　呼吸

呼は、息を吐くこと。吸は、吸うこと。まず、息を吐くことです。いやなことや、困ったこと、腹の立つことがあったときには、まず息を吐くことです。水泳でも、まず息を吐かないと息を吸えません。深呼吸は、さらに有効です。ゆっくり最後まで息を吐けば、自然と吸うことになります。

「阿吽《あうん》の呼吸」と言いますが、相手とうまくやっていくには、息を合わせることです。それには、まず吐いて一呼吸置く、つまり間《ま》を取ることです。相手と呼吸が合わなかったら、自分から合わせるようにしましょう。それでもだめなら、しばらく様子を見ることも大切です。

まず息を吐く

29 思いやり

自分がいやだと思うことを人にしないこと、これは誰にもわかることですが、なかなかできないものです。理由の一つは、ほかの人がいやだと思っていることがわからないからです。

『論語』では、人生の中で最も大切なことは、「恕《じょ》」すなわち思いやりであると述べられています。逆に言えば、それだけ難しいということでしょう。良かれと思ってやったことが、逆に相手の反感を買うことさえあります。子どもに対してだけでなく、すべての人に対して思いやりの気持ちを持つように心がけることが大切です。

恕《じょ》

30　少しがまんする

お互い少しがまんすることは、円滑に社会生活を営む秘訣です。人は、一人では生きられません。人と人、集団と集団、国と国、円滑な関係を保つための基本は、お互い少しがまんすることです。一方が、がまんばかりしていると、不満がたまり、その関係はうまくいきません。相手を嫌いになってしまうことさえあります。お互いが、がまんしなければ争いになります。

大切なのは、少しがまんすることです。そこから話し合いの糸口が見つかったり、お互いに譲歩しようという気持ちになります。がまんすることと、がまんしないことのバランスがとても重要です。

少しのがまん

31 散歩

気分転換の方法はたくさんありますが、散歩もその一つでしょう。哲学者カントの散歩は有名ですが、それほど時間やコースに厳格にならなくても、ちょっと散歩することはとても良い気分転換になります。同じコースや時間でも良いでしょう、気が向いたらでも良い、毎日でなくてももちろん良い。体調がいいときや、少し運動不足かなと思ったときは、途中で速歩やランニングをはさんでも良いでしょう。つま先で歩いたり、腕を大きく振ったりして、歩き方に変化をつけても良いかもしれません。

自分の気分や体調に合わせて、なんとなくやってみる、と考える方がいつまでも続きます。

散歩から新しい発見があるかもしれない

32 情報収集

情報は、あふれています。しかし、そこから自分に必要な情報を得たり、あいまいな情報や間違った情報を信じないようにしなければなりません。そのためには、複数の情報源から情報を得て、それを比較することが必要です。また、情報源のバランスをよくすることも大切です。

情報源としては、経験、書籍、テレビ、インターネットなど多種多様です。どのようにしたらバランスよく活用でき、しかも正確な情報を入手できるかについて、いつも気配りする必要があります。情報の真偽の判断は、自分で下す必要があります。慎重であることが求められます。

情報は一度疑ってみる

33　記憶力

たまに記憶力のいい人がいます。一回学んだだけで、そのほとんどを覚えてしまったりします。でも普通の人は、何回覚えてもすぐに忘れてしまいます。十のことを学んでも、次の日は一か二くらいしか覚えていない。いや、ほとんど忘れてしまうことが多いものです。その苦しみや悲しみを知っている人は、教師としてのハードルを一つクリアしています。

暗記はあまりよくないという人がいます。でも最低限のことは覚えていないと、先に進めません。ある程度の暗記は、必要です。しっかり覚えるには、何回も繰り返して覚えることでしょう。忘れるそばから覚えることです。子どもに強要することはいけませんが、覚えるためのヒントにはなるかもしれません。

繰り返すことで覚えられる

34　悪口

子どもや保護者の悪口を言わないようにするのはもちろんですが、同僚の悪口を言わないようにしましょう。特に、子どもや保護者の前で同僚の悪口を言うことは厳禁です。教育は、教師間の信頼が不可欠です。信頼がないと真の協力関係が生まれず、良い教育は期待できません。

逆に、もし自分の悪口を言われても気にしないことです。悪口を言われるということは、自分が相手より優位にあることの証《あかし》だからです。ひどい中傷を受けたら、まず逃げましょう。日頃から、安心して相談できる先輩や友人を作っておくことも大切です。

悪口は言わない、悪意からは逃げる

35　嫉妬

嫉《そね》みや妬《ねた》みという漢字は女偏ですが、嫉妬はもちろん女性に限りません。自分より優れていると思われる人や、うまくいってばかりいる人には嫉妬の気持ちがわいてくるものです。嫉妬には、理由がありません。相手が優れているとか成功したとかは表向きの理由で、なぜ嫉妬するかについては、自分でもわかりません。

また、他の人から自分が嫉妬されるときも同じです。嫉妬されても、相手にしないこと気にしないことです。相手もほんとうの理由はわかっていないからです。そんなときは、「つかず離れず」、表面は穏やかに過ごすことです。すべては、時間が解決します。

さらりと受け流す

Ⅳ 自然

36　自然から

きれいな花や雄大な景観を見ると、心がほっとします。きれいな夕焼けを見て、ああ一日が終わったと感じるとともに、気持ちが和らぎます。いやなことがあった日でも、なんとなくほっとします。その感覚は自然に出てくるものです。意図したものではありません。

逆に、花を見て何で赤い色をしているのだろうとか、あの山はどのようにしてできたのだろうとか、自然を見てなぜだろうという気持ちは、意図しないと出てきません。自然は、私たちに様々な情報を発信しています。それを受け取れるかどうかは、受け取る私たちに関わることです。知識や経験、受け取ろうとする気持ちがないと自然からの情報を受け取れません。

自然は無限の情報を発信している

37　客観

客観的に見るとは、相手の立場に自分を置き換えてみることです、とすでに述べました。どれだけ置き換えられるかで、「客観」の程度が決まります。子どもを客観的に見るということは、どれだけ子どもになりきれるかということです。どれだけ客観的になれるかは、同僚や保護者などに対しても同じです。すべてのことについて、客観的に見ることとの重要性は、言をまちません。

客観的になることで相手の気持ちがわかります。その結果、自分の心が穏やかになることすらあります。見るものは千差万別です。機会も様々です。でも、心配いりません。客観的に見ようと心がけさえすれば、大丈夫です。

相手の立場に自分を置く

38　勇気

勇気は、必要です。でも必要なのは、ほんの少しです。進むときには、小さい勇気さえあれば十分です。ただ、退くときは違います。進むときは小さい勇気で十分ですが、退くときは大きな勇気を必要とすることもあります。教師としてやっていくには、自信も必要でしょう。でも、自信は、ほどほどが良いでしょう。希望と夢は、大きければ大きいほど良いでしょう。

時によっては、小さな勇気さえ出すのが難しいこともあります。勇気が必要なときは、思い切って。

進むときは小さな勇気、退くときは大きな勇気

39　工程表

何かを始めたり、試みたりするときは工程表が大切です。何をやろうとするか「目的」、どのようにやるか「方法」、実際どうなったか「結果」、なぜそうなったか「考察」、まとめると何がわかったか「結論」、次にどう活かすか「反省（改革）」。このことは、論文や報告書を書くときの手順と全く同じです。いろいろなところに応用できると思います。

これまで自分やほかの人がやってきたことをまとめて、目的を定め、どのような道筋でやるか方法を考え、実行する。結果を精確にまとめて、何が言えるか結論を出す。反省して次につなげる。みんな同じ工程です。

工程表作りは、作業の第一歩

40 争い

兵法とは、戦いに勝つための方法です。兵法で有名な『孫子』には、争いは避けよ、とあります。できれば争いは避けるべきです。避けられそうもないときは、まず逃げる。どうしても争わなければならないときは、自分の武器を確かめ、状況を的確に把握する。次に相手の武器や状況を調べる。そして、できればやめること、と言われています。

争った結果は、お互いに損なことばかりです。私の母は、小さな争いがあったときは、「けんかなんておそろしい」と、いつも言っていました。母は『孫子』を読んではいなかったと思いますが、できるだけ争いを避けるというのは、同じ考えや気持ちでしょう。

けんかなんておそろしい

41　ピンチはチャンス

よく言われることですが、ピンチは、まさにチャンスです。ピンチというのは、自分を磨き高める絶好のチャンスです。穏やかな日常では、自分の力を試すことができません。ピンチに恐れず立ち向かえば、必ず何か残るものやつかむものがあるはずです。うまくいかないことの方が多いでしょう。でも何か残るものがあるのだから、それは財産、それで十分と考えます。

ピンチになったら、これはチャンスが来たと考えることです。次の段階へ移るための踏み台がやってきた、飛躍のチャンスだと。そして、何があっても自分を信じることです。

ピンチは次の段階へ移るための踏み台

42　私利私欲

私利私欲を捨てなさいとよく言われます。でも、よく考えると、自分を動かしている原動力という見方もできます。ほどほどにということかもしれません。また、一時的に欲が満たされても、そのことはすぐに忘れてしまいます。

子どもと接するとき、自分の利益など考えていないと思うかもしれません。あるいは、良い授業ができれば、自分の評価につながると考えるときがあるかもしれません。自分の利益を考えることも、一概《いちがい》に否定はできません。あれこれ考えずに、ひたすら子どものためにという姿勢や気持ちが大切で、それさえあれば良いでしょう。

私利私欲は捨てきれない

43　スポーツの良いところ

スポーツの効用については、いろいろ指摘されていますが、ここでは三つ挙げてみます。一つは、気分がすっきりすることです。気分転換ができます。二つ目は、健康的であることです。精神的にも肉体的にも効果があります。三つ目は、あまり指摘のないことですが、必ず負けるということです。よほど運が良く強い人でない限り、必ず負けます。

相手が強いとき、弱いとき、運が良いとき、悪いとき、様々な場面があるでしょう。勝つときも負けるときもあります。負けたときどうするかが大切です。負けた経験こそが、自分の潜在力を高めます。スポーツだけでなく、いろいろな場面で負けてしまうことが必ずあるからです。負ける経験は、大切にしたいものです。

敗者の気持ち

44　酒のこと

酒を全く飲まない人には、この節はあまり必要ないかもしれません。高校時代、恩師が授業の終わりにいきなりただ一言、「大人になって、お酒はほどほどに」と言いました。高校生だったので、全く実感はありませんでした。しかし、年を重ねるにつれ重みを増してきました。教師が懲戒される原因で、酒と交通事故に関することはとても多いのです。

酒には様々な効能があります。しかし、飲みすぎると普通の判断ができなくなることも確かです。人間関係を円滑に保っためにも健康のためにも、ほどほどが大切です。また、飲まない人でも酒席に加わることはあるでしょう。酒とのつきあいは避けられません。経験を積めば、うまく対応できるようになります。

飲みすぎ注意

45 油断

うまくいっているとき、順調なときほど、最後まで気を抜いたり手を抜いたりすることは厳禁です。これは、どんなことにも言えます。『徒然草《つれづれぐさ》』の高名の木登り、『書経』の「九仞《きゅうじん》の功を一簣《いっき》に虧《か》く」などの例えを見るまでもなく、このことをいさめた古典は、たくさんあります。身近なところでは、勝負は下駄を履くまでわからない、という言葉もあります。油断大敵です。終了の笛が鳴るまで、合図があるまで、気を緩めず注意を怠らないようにすることが大切です。また、勝ったら相手をいたわる態度、負けたらいさぎよく負けを認める態度が必要でしょう。

あやまちは、安きところになりて、必ず仕《つかまつ》ることに候（『徒然草』）

V 人生

46　古いことと新しいこと

不易流行という言葉があります。もとは、俳句の世界の言葉で、いくつかの解釈がありますが、不易とは変わらないこと、これまで受け継がれてきた真理や考えです。流行とは、時代に合わせて変わっていくもの、あるいは変わったもののということです。

教育にも同じことが言えます。これまで連綿と受け継がれてきた不易の内容もあり、新しいことや時代に合わせて変えなければいけない内容や考え方があるでしょう。必要なのは、それらのバランスをどう取るかです。正解はありません。残念ながら、自分で考えるしかありません。しかし、自分で考え判断したことは、すべて正解とも言えます。新しいことは、積極的に取り入れようとする気持ちが大切です。新しいことを取り入れようと努力してさえいれば大丈夫です。

古いことと新しいことのバランスが大切

47　自分を磨く

教師として専門的なことを深く追究して、学ぶことの楽しさや厳しさを体得するためには、自分を磨くことです。その努力は、どんなに小さくても一瞬のものであっても、むだになることはありません。努力は、積み重なります。

「鉄杵《てっしょ》を磨く」という中国の故事があります。李白という人が、学問をやめて故郷に帰ろうとしたところ、途中で杵《きね》を磨いている老婆に会った。何をしているのか尋ねたところ、鉄の杵を磨いて針を作っていると答え、できるわけがないと言う李白に、やってみなければわからないと言った。それに感動した李白は学問を続ける決心をした、という話です。辛抱強く努力すれば必ず成功するということです。少しでもいい、途切れてもいい、磨くのを続けることです。

鉄杵《てっしょ》を磨く

48　美味しいのには理由がない

なぜ花は美しいのか。なぜホカホカご飯は美味《おい》しいのか。なぜ人を好きになるのか。なぜ人を殺してはいけないのか。みんな理由をうまく説明できません。うまく答えられなくても、真実のことはたくさんあります。理由を説明できなくても、自分にとっては正しいこともたくさんあります。美しいとか正しいとか判断するには、自分の感性を高めることが大切です。また、鈍らせないことが大切です。理由はわからなくても正しいことはたくさんあります。好き嫌いということも、よく考えると理由を説明できません。美しいものをそのまま美しいと感じることのできる心が大切です。

真理は説明できない

49 恩

最近は、教師としての恩を感じてもらわなくてもいいと考える教師が増えていると聞きます。とても残念です。意識するしないにかかわらず、教えられた方は、恩を感じるものです。また、いつか恩返しをしようと思うのは自然です。子どもに恩とか見返りを期待するのはよくありませんが、子どもにそう感じてもらうように努力することは大切です。

「飲水思源」という言葉があります。水を飲むときは井戸を掘った人のことを忘れないということです。また、恩は倍返し、仇《あだ》は三倍返しという言葉もあります。恩より仇の方を多く返したいと思うので、世の中から争いが絶えないのかもしれません。恩師が亡くなったりして、恩を返せないことも多いでしょう。そのときは、「恩送り」と言って次の人に返せばいいのです。

恩送り

50　少年老い易く

月日の経《た》つのは早いものです。頭ではわかっていても、その早さには呆然《ぼうぜん》とするばかりです。「光陰矢のごとし」です。今日一日、今を大切に。また、明日は新しい日だと思うことが大切でしょう。今日いやなことがあっても、疲れ切ってしまっても、絶望しても、明日は新しい日です。あせらず、一歩ずつ前に進みましょう。明日は、きっと良い日です。

少年老い易く学成り難し
一寸の光陰軽んずべからず

参考文献

多くの解説書などが出ている書物については、一般的なもの、入手しやすいもの、あるいはわかりやすいものを挙げました。自分に適したものを選んでください。より深く学びたい人は、原典などにあたってください。

『権威と権力』なだいなだ、岩波書店（岩波新書）。
『思考の整理学』外山滋比古、筑摩書房（ちくま文庫）。
『新編　教えるということ』大村はま、筑摩書房（ちくま学芸文庫）。
『孫子』金谷　治訳注、岩波書店（岩波文庫）。
『歎異抄をひらく』高森顕徹、1万年堂出版。
『徒然草』西尾　実・安良岡康作校注、岩波書店（岩波文庫）。
『中野孝次の　生きる言葉』中野孝次、海竜社。
『まごころ説法』高田好胤、徳間書店（徳間文庫）。
『良寛　旅と人生』松本市壽編、角川学芸出版（角川ソフィア文庫）。
『論語』金谷　治訳注、岩波書店（岩波文庫）。

あとがき

古くから脈々と受け継がれている教育理念や人格形成（人としての生き方）と、社会の変化や技術革新によって教育現場に新しく必要とされる知識、方法、技能など、古いことと新しいことの融合やバランスに頭を痛めることが多いと思います。それでも決して心配いらない、なんとかなるというのが本書の最も言いたいことです。自分のほんとうの力は自分でもわからない潜在力です。潜在力を高めるには、少しずつ少しずつ努力することです。そして自分の力、潜在力を信じることです。自分を信じることです。

教師としての自信がない人、あるいは失敗ばかりしている人でも、決して心配いりません。なんとか教師を続けていくうちに、教師ってまんざら捨てたものではないな、という気持ちになるはずです。また、そうなっていただけたらうれしいです。

書き終えてみて、書き足りないことがたくさん出てきました。でも、未完成であると自覚することが、次につながるとは本文で述べたとおりです。

なお、本書の刊行にあたって、協同出版の小貫輝雄社長、大野博照さん、諏訪内敬司さんに大変お世話になりました。厚くお礼申し上げます。

2021年7月

佐藤　芳徳

佐藤　芳德

２０２１年７月

著者略歴
佐藤《さとう》　芳徳《よしのり》

1952年　群馬県に生まれる
1981年　筑波大学大学院地球科学研究科博士課程中退
同年　宇都宮大学教育学部助手
上越教育大学学校教育学部教授・学長を歴任
現在　上越教育大学名誉教授
理学博士（筑波大学）

教師のバイブル—教師のための50のヒント—
ISBN　987-4-319-00366-2

令和3年7月29日　第1刷発行

著　者　佐藤芳徳
発行者　小貫輝雄
発行所　協同出版株式会社
〒101－0054
東京都千代田区神田錦町2－5
電話　編集03－3295－6291　営業03－3295－1341
振替　00190－4－94061
印刷所　協同出版・POD工場